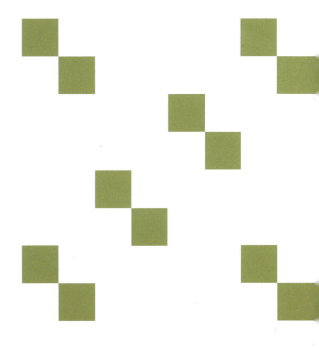

32 x 2 **instantâneos**

Margarida Oliva   Idéo Bava

Desenho gráfico **Raquel Matsushita**
Impressão **Gráfica Pancrom**

Musa Editora
Rua Cardoso de Almeida 2025
01251 001 São Paulo SP
Tel/fax (5511) 3862 2586 / 3871 5580
musaeditora@uol.com.br
www.editoras.com/musa

Dados Internacionais de Catalogação na Publicação (CIP)
(Câmara Brasileira do Livro, SP, Brasil)

Oliva, Margarida
32 x 2 instantâneos / Margarida Oliva;
(ilustrações) Idéo Bava – São Paulo: Musa Editora, 2003

ISBN 85-85653-70-1

1. Haicais. 2. Literatura brasileira. I. Bava, Idéo. II. Título.

03-5243   CDD – 869.91

Índices para catálogo sistemático:
1. Poesia haicai : Literatura brasileira 869.91

Forma de poesia japonesa, o haikai (haiku no original) reflete um instante de surpresa e de admiração ante o mistério da natureza e da vida, expressas num esquema rígido de 3 linhas de 5-7-5 sons (ou sílabas, em nossa língua). As características marcantes do haikai são a concisão, a condensação, a intuição e a emoção, quanto ao conteúdo, e o número de sílabas (17 ao todo), quanto à forma. A menção de algum termo que sugira a estação do ano é outra marca do haikai. Há um toque de enigmático, de inesperado, nessa poesia que diz e não diz tudo... Sugere mais do que diz. Referindo-se a incidentes da natureza, o haikai aponta para o ouvinte, ou para o leitor, a novidade do cotidiano e o leva a maravilhar-se e a indagar o que está por trás do aparente. Nesse sentido, o "espírito" do haikai é religioso. Convida a uma releitura do universo, ou à religação do ser humano com o Todo. A transmigração do haiku para o Ocidente implica em algumas transformações impostas pela natureza diversa das línguas e das culturas. Mas o "fundo" inspirador permanece o mesmo: presença no "aqui e agora", abertura para sentir o instante vivido, deixar-se levar pelo espanto, indagar e desconfiar das respostas prontas, continuar indagando... O Mistério que nos envolve continua Mistério, seja ele abordado pela filosofia zen-budista que impregna o haiku ou pelo pensamento ocidental cristão em que se esparrama o haikai.

> Me impregnei do saber da poesia
> que veio pelas mãos da minha amiga Guida
> e me vi desenhando 32 haikais.
> **Idéo Bava**

> Num momento de contemplação ou
> de ação, eles surgem de repente:
> uma emoção, um lampejo do mistério...
> **Margarida Oliva**

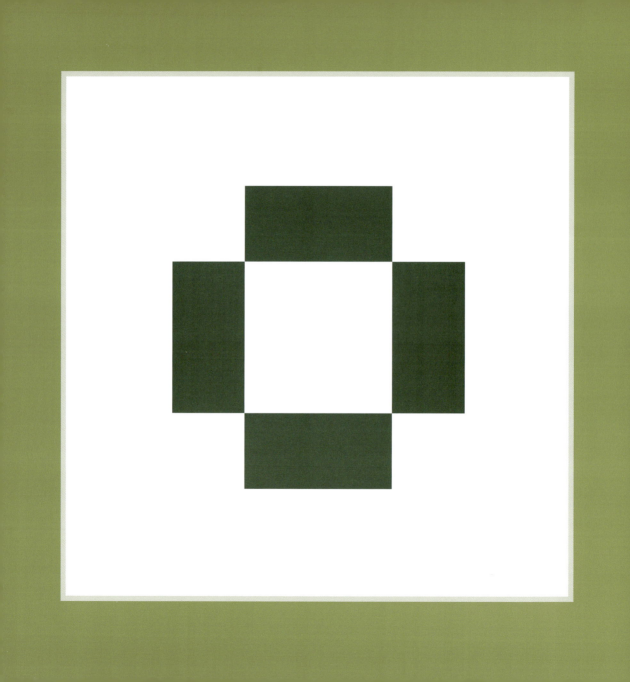

Janela aberta
sondo o horizonte sem fim.
Onde está você?

O vento brando
balançando as folhas...
É primavera!

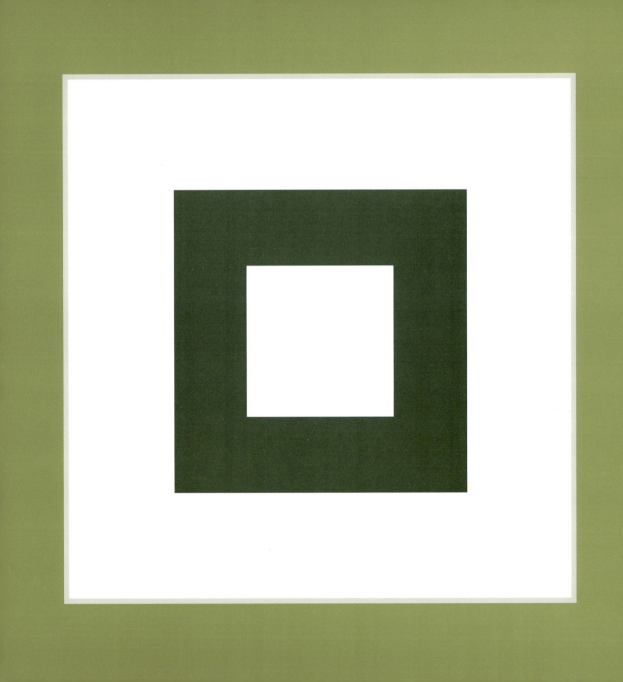

Na primavera
desabrocham as flores.
Sonhos juvenis.

Da terra brota
sob a carícia do sol
a vida nova.

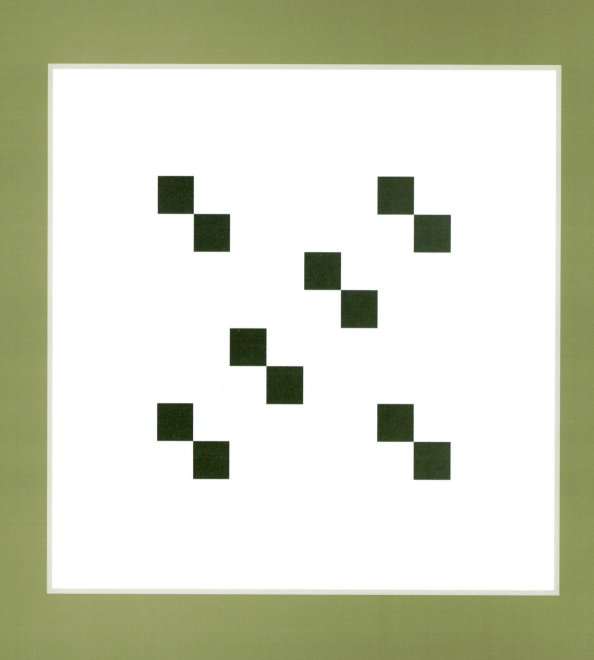

As borboletas
de leve beijam as flores
dançando no ar.

As formiguinhas
em fila seguem um rastro.
Assim os homens.

Sino ao longe
acorda o silêncio.
Ah! É domingo...

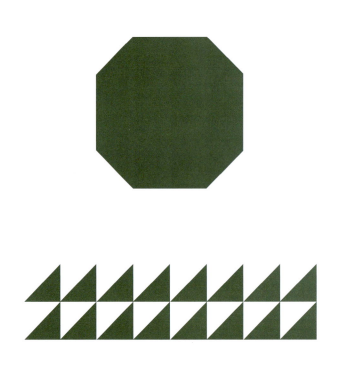

Arde o sol no céu
queima a pele na praia.
Mergulho no mar.

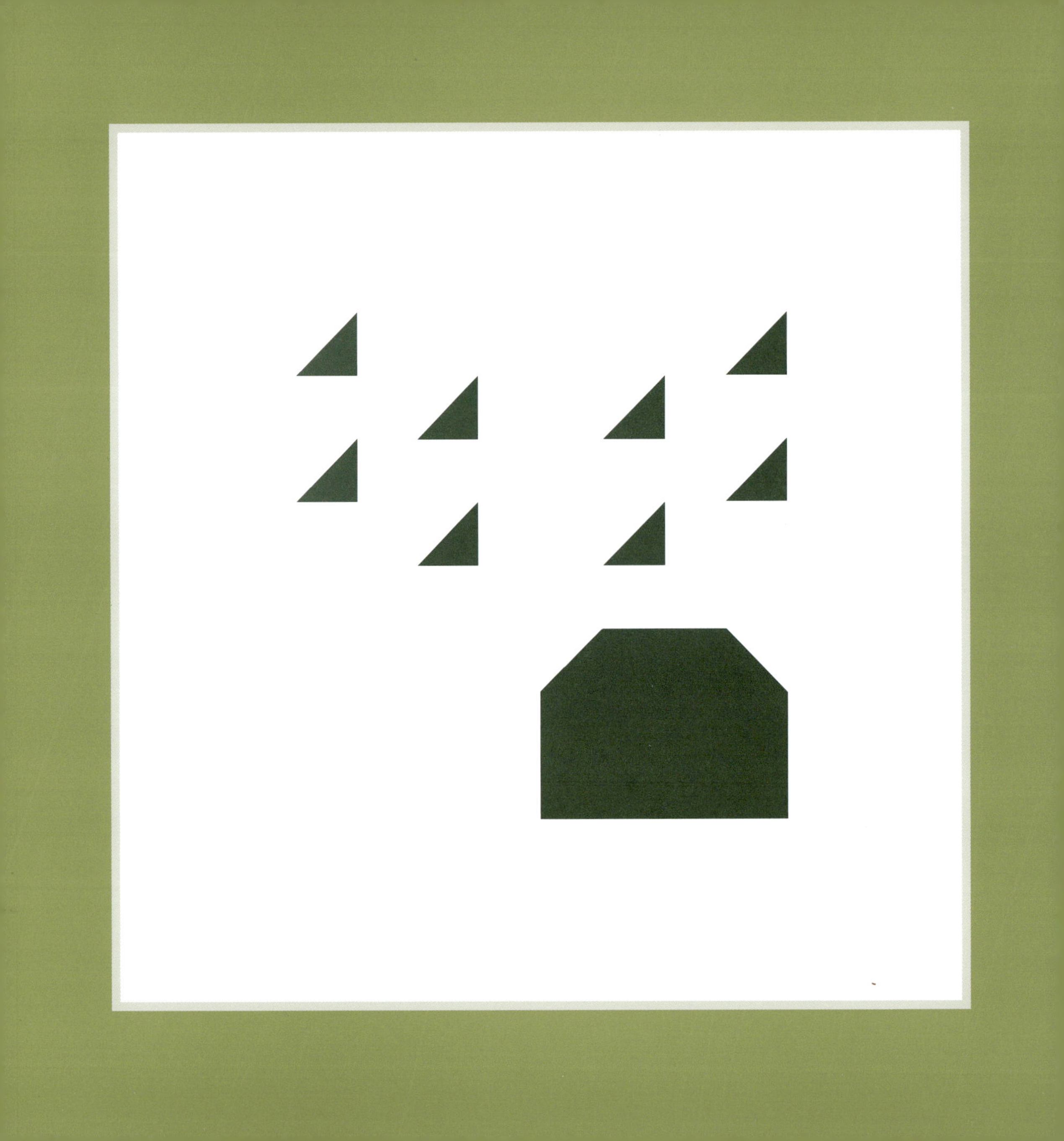

Preguiçoso o sol
se arrasta no céu azul.
Zumbem abelhas.

Voga na vaga
vela branca enfunada.
Viajam sonhos.

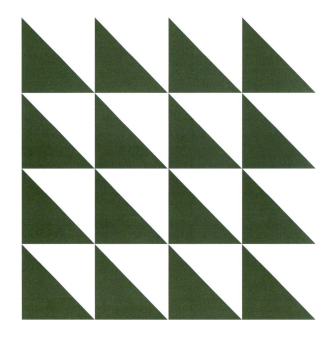

Todos os dias
sim! Fazer e refazer
a cama e o amor.

Sob o chuveiro
carícia d'água morna
tua presença.

Limpa, refresca,
fio líquido, límpido.
Torneira aberta.

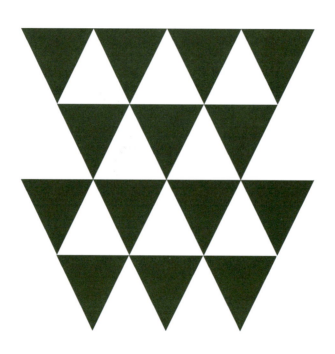

Roupa no varal
secando ao sol e vento.
A dor e o tempo...

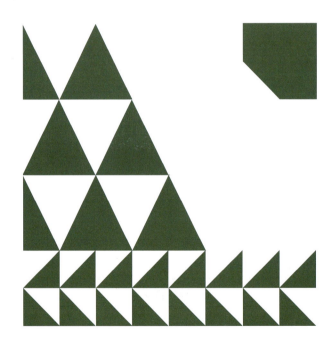

Azul e verde.
Céu, mar, na tarde clara.
Cartão postal.

No horizonte
o sol agonizante
ensangüenta o céu.

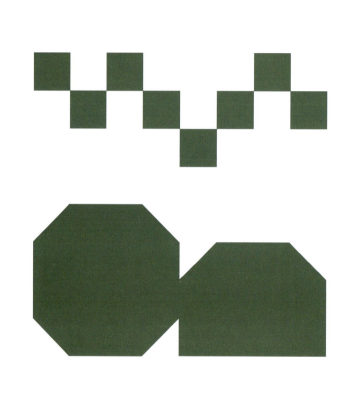

Bola vermelha
rola no horizonte
mais outro dia.

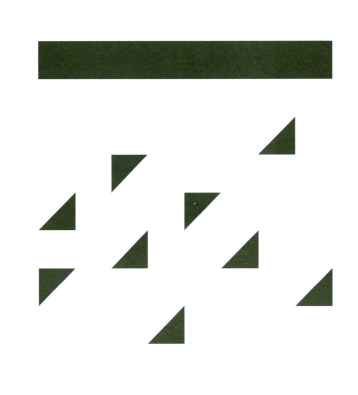

Bailam as folhas
ao ritmo do vento
antes da chuva.

Uivando o vento
chicoteia as árvores.
A chuva chora.

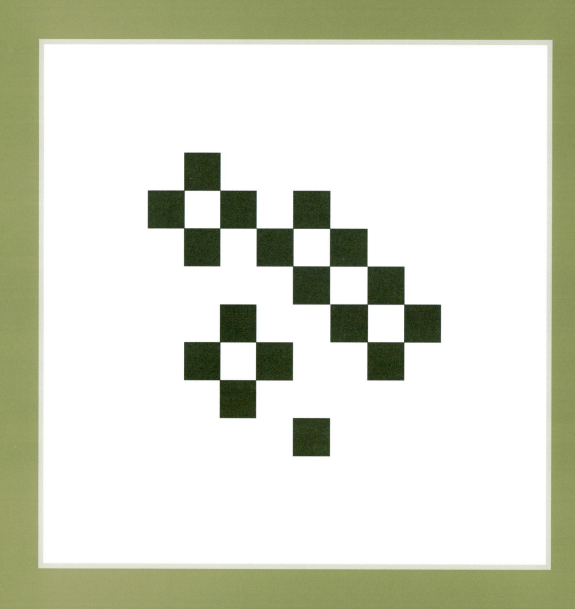

Verão ardente.
As flores desfolhadas
deixam saudades.

Vida vivida.
Beleza decantada.
As flores secas.

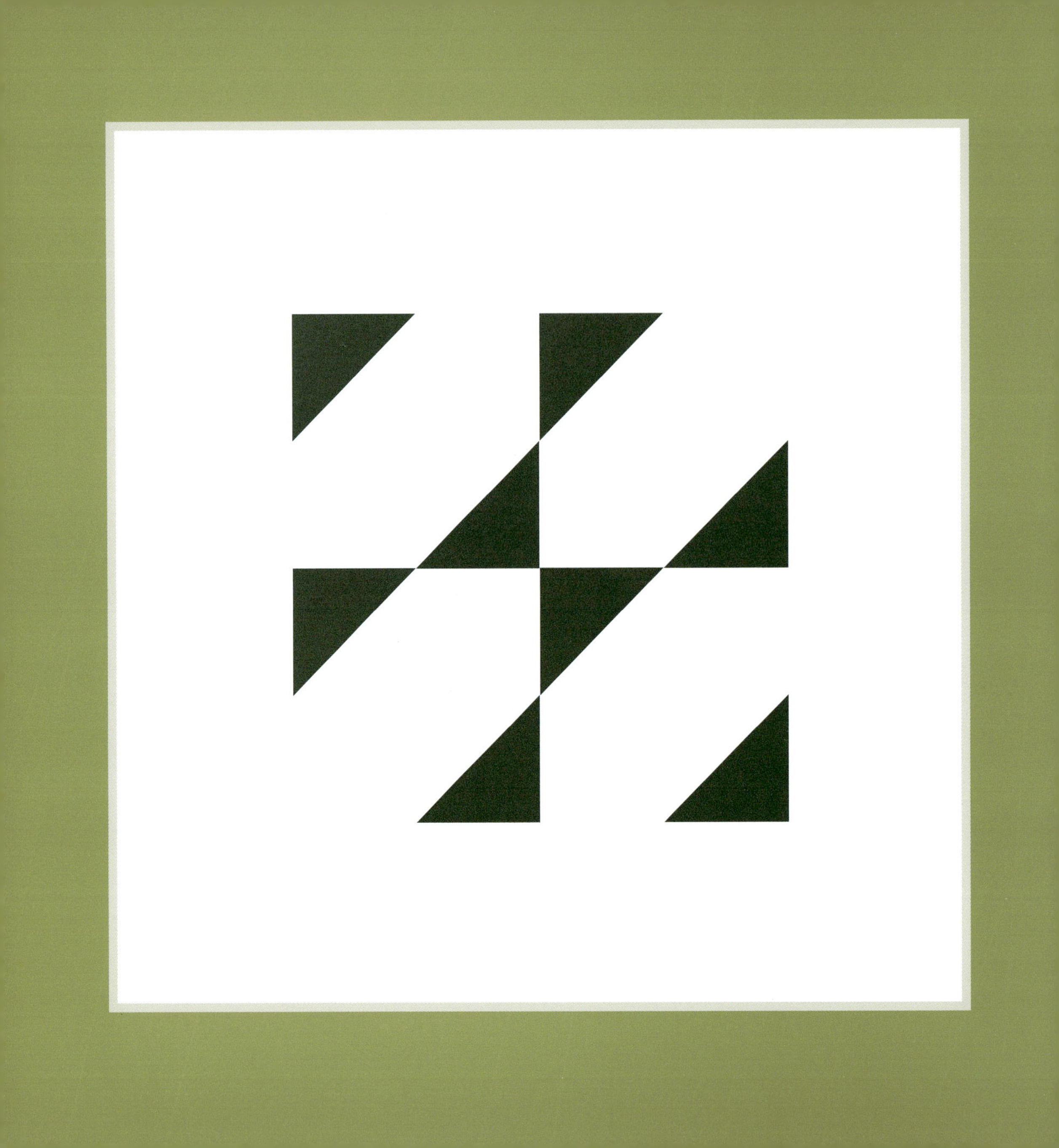

Velhas lembranças
ressurgem em ondas mansas
ao som do piano.

Tempo vivido
finca raízes fundas.
Brotam saudades.

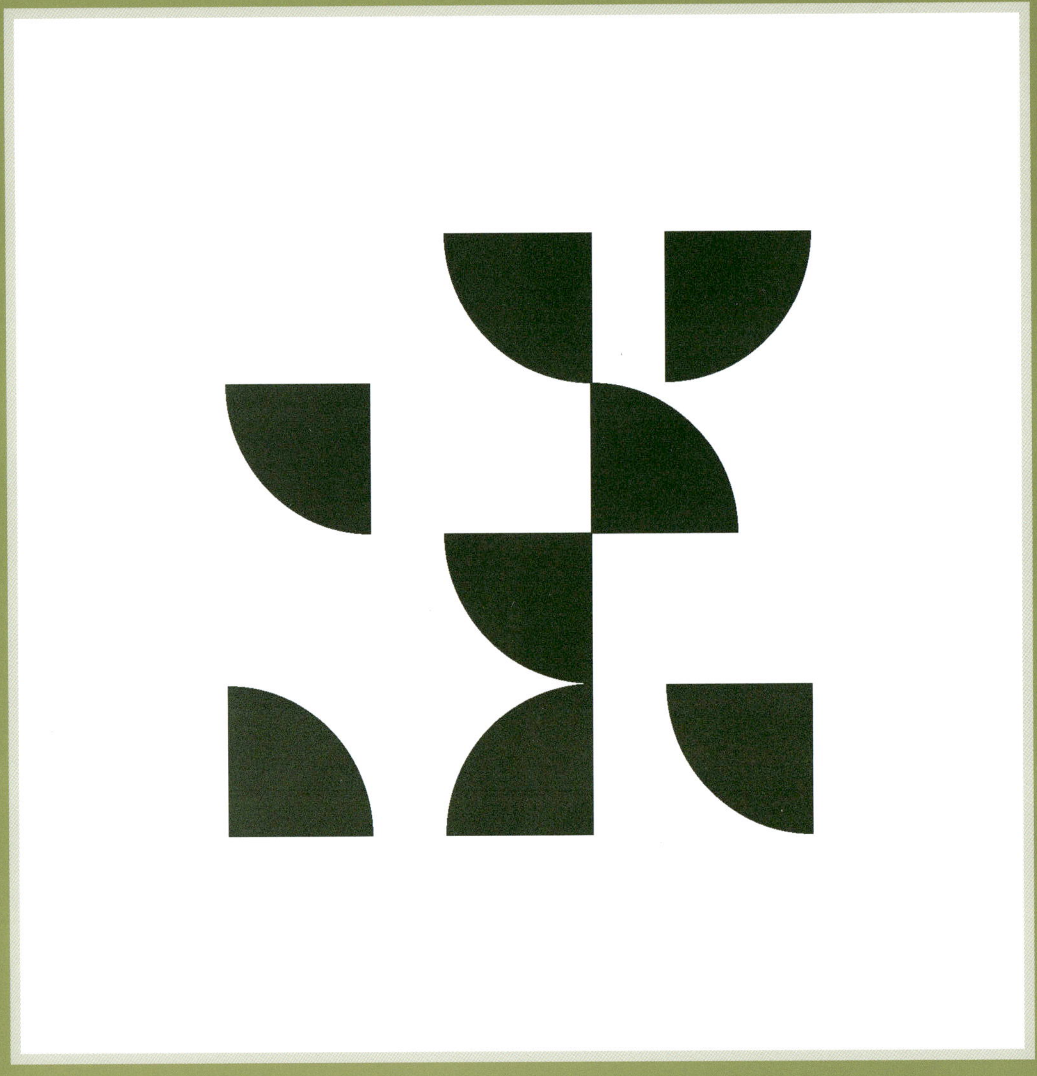

Vozes ao longe...
Risos. Canto. Violão.
Ai que saudade!

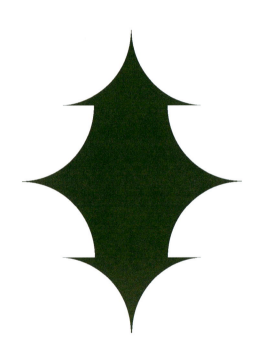

Natal... Com Jesus
completa-se a criação
e a humanidade.

No Ano Novo
florescem esperanças.
Boa colheita!

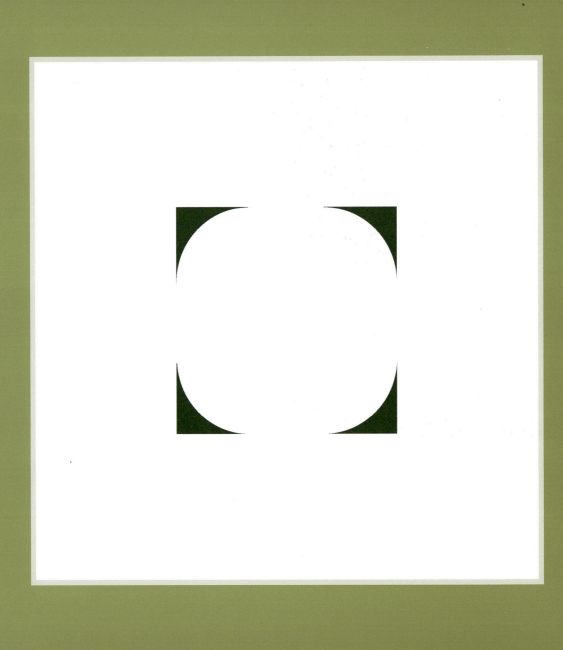

Páscoa. Passagem
da morte para a vida.
A cada instante.

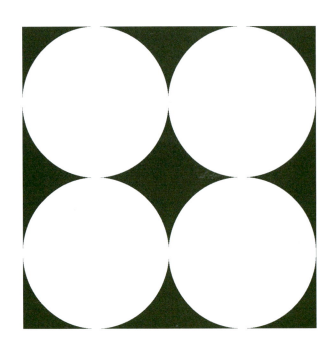

Paz e alegria
no outono da vida.
Frutos maduros.

Ao entardecer,
quieta, repousa a alma
em meditação...

Lembranças hoje,
passado no presente.
Eternidade.

Recolhimento
no inverno grávido
da vida nova.

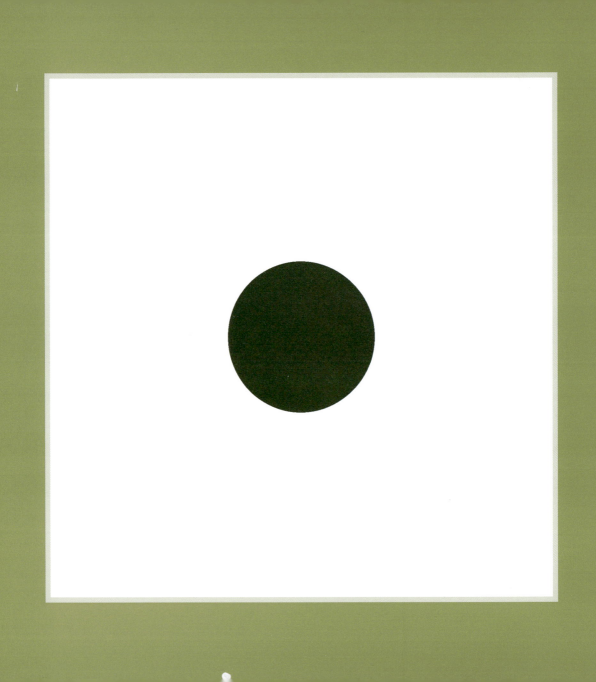

Tempo vivido
com amor decantado:
sabedoria.

Foram impressos 1.000 exemplares desse livro na primavera de 2003 com o apoio de **Finamax** CRÉDITO, FINANCIAMENTO E INVESTIMENTO Sempre ao seu lado